PROCÈS

DE

L'ÉVANGILE

DU PEUPLE.

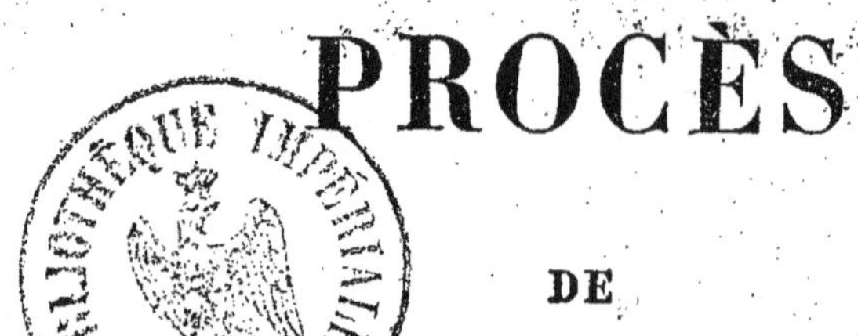

Prix : 25 centimes.

PARIS

PAUL DELAVIGNE, ÉDITEUR,
RUE DES GRANDS-AUGUSTINS, 22.

—

1841

PROCÈS

DE

L'ÉVANGILE DU PEUPLE

En publiant le procès de *l'Évangile du Peuple,* nous croyons à la fois remplir un devoir et user d'un droit : celui de soumettre à l'opinion publique le jugement des tribunaux.

L'Évangile du Peuple fut saisi le 19 novembre.

Le ministère public instruisit l'affaire sous le point de vue politique; mais la chambre des mises en accusation fit tomber les trois premiers chefs qui chargeaient le livre et l'auteur, 1° excitation à la haine et au mépris du gouvernement, 2° attaque aux lois, 3° provocation à la haine des citoyens entre eux, comme n'étant pas suffisamment caractérisés dans cet écrit, et déclara qu'il n'y avait pas lieu à suivre sur ces divers points.

L'auteur fut seulement renvoyé devant le jury sous la prévention d'outrage à la morale publique et religieuse et aux bonnes mœurs.

Dans une brochure ayant pour titre *l'Évangile du Peuple défendu* M. Alphonse Esquiros repoussa par avance l'accusation portée contre son livre.

Le procès eut lieu le 30 janvier.

C'est une des affaires de presse qui attira le plus vivement l'intérêt du barreau et du public par l'importance de la question soumise aux délibérations du jury.

La défense a été soutenue avec un talent remarquable par M⁰ Ferdinand Barrot; son plaidoyer est un des plus brillants, des plus nobles, des plus profondément raisonnés qu'on ait encore entendus à la Cour. Cette défaite illustre restera dans la carrière de ce jeune et déjà si célèbre avocat comme une éloquente victoire.

Les journaux n'ayant pu rendre compte de ce procès avec les développements convenables et n'ayant presque donné en général que le long et peu éloquent réquisitoire de M. Partarrieu-Lafosse, nous avons cru devoir recueillir les souvenirs que nous ont laissés cette séance pour les transmettre aux lecteurs de bonne foi.

La défense, cette seule consolation qui reste au condamné après le jugement, ne peut être supprimée sans porter une atteinte grave à la liberté et à la justice.

Au mois d'octobre dernier parut un ouvrage intitulé *l'Évangile du Peuple*, avec cette épigraphe : *Venez à moi, vous tous qui travaillez !....* Le livre ne portait pas de nom d'auteur ; il était édité par Le Gallois, rue Notre-Dame-des-Victoires. Un mois après, l'ouvrage fut saisi ; M. Alphonse Esquiros, auteur de plusieurs romans et d'un recueil de poésies remarquables, s'en déclara l'auteur. L'imprimeur fut mis hors de cause, et MM. A. Esquiros et Le Gallois furent renvoyés devant le jury sous la prévention d'outrage à la morale publique et religieuse et aux bonnes mœurs.

Un nombreux auditoire d'avocats en robe, d'amis de l'auteur et de littérateurs distingués garnit les bancs de la Cour. L'enceinte réservée au public est occupée depuis le matin.

Les deux accusés passent dans une chambre voisine du tribunal pour y exercer concurremment avec l'avocat-général leur droit de récusation.

Les prévenus récusent deux ou trois jurés, le ministère public en récuse *huit*.

L'audience s'ouvre à onze heures et demie.

M. l'avocat-général Partarrieu occupe le siége du ministère public. Mes Ferdinand Barrot et Pouget sont au banc de la défense.

Sur la demande de M. le président, les accusés déclinent ainsi leurs qualités : 1° Alphonse Esquiros, âgé de vingt-sept ans, homme de lettres, demeurant rue d'Enfer, 37, né à Paris ; 2° M. Auguste Le Gallois, âgé de vingt-cinq ans, libraire-éditeur, demeurant rue Notre-Dame-des-Victoires, 36.

M. le greffier donne lecture de l'arrêt de renvoi.

M. le président. Esquiros, vous vous reconnaissez l'auteur de la brochure intitulée *l'Évangile du Peuple ?*

M. A. Esquiros. Oui, Monsieur.

M. le président. Avez-vous des observations particulières à présenter ?

M. A. Esquiros. Non, Monsieur ; je laisse ce soin à mon avocat.

M. le président. Vous, Le Gallois, vous reconnaissez avoir édité le livre incriminé ?

M. Le Gallois. Oui, Monsieur.

D. Il a été saisi chez vous? — *R.* Oui, Monsieur; on en a saisi 50 exemplaires.

D. A combien d'exemplaires avait-il été tiré? — *R.* A 1500.

D. Que sont-ils devenus? — *R.* Ils ont été vendus ou déposés chez d'autres libraires.

D. Avant de le publier vous aviez pris connaissance de l'ouvrage? — *R.* Non, Monsieur; j'ai fait cette publication avec une pleine confiance; j'avais déjà édité un ouvrage de M. Esquiros (*les Vierges Folles*); l'ouvrage avait été vendu avec succès. Je lui demandai s'il ne voulait pas me confier une seconde publication; il me parla alors de *l'Évangile du Peuple.* Pendant que l'ouvrage était à l'impression j'ai montré quelques feuilles à un ecclésiastique qui me dit que c'était un joli livre tout philosophique et théologique qui regardait le pape. Je n'ai vu dans tout ceci qu'une affaire commerciale.

D. Qui corrigeait les épreuves? — *R.* M. Esquiros lui-même.

On distribue à MM. les jurés des exemplaires de l'ouvrage incriminé, et la parole est donnée à M. l'avocat-général :

« Messieurs, dit-il, il est des natures d'hommes qui ne savent rien respecter; on dirait que la vue du beau les offusque, et qu'ils soient possédés de la passion de le défigurer. Placés en face d'une grande figure historique, de la statue de Jeanne d'Arc par exemple, ils auront l'audace de la polluer par le cynisme de leur langage et de leurs idées. Placez-les en face d'une grande œuvre littéraire, de l'Iliade, de l'Odyssée, ils la travestiront par le ridicule et la charge. Tout ce que touche leurs mains immondes, ils le défigureront par la caricature et la parodie. Les livres saints, qui sont le symbole le plus pur, le type le plus parfait de la sainteté et de la beauté, ne pouvaient échapper à cette scandaleuse profanation. A cette époque, Messieurs, où le mot d'ordre de la destruction était de déverser sur tout le doute et l'ironie, Voltaire, le chef de cette école, sous le faux semblant d'expliquer la Bible, tronque les textes, les défigure à l'aide de commentaires perfides. Vient ensuite Parny qui, par un poëme trop connu, attache son nom à la continuation de cette œuvre impie. Cette école a fait bien du mal : il en est une cependant dont la tactique est beaucoup plus dangereuse. A l'époque où nous sommes le ridicule a moins de prise qu'il n'en avait au dix-huitième siècle : aussi l'impiété s'offre-t-elle sous une nouvelle forme qui renferme encore plus de périls. Le ridicule et la dérision peuvent exciter le dégoût : le lecteur est prévenu, et le livre ne tarde pas à tomber de ses mains. Mais il est des hommes qui se présentent comme les adorateurs des saintes Écritures et de l'homme-Dieu qui les apporta; et quand ils ont ainsi pris le masque de la religion, ils en profitent pour tronquer les textes, les dénaturer, les détourner de leur véritable sens, et ils parviennent ainsi à faire d'une œuvre gigantesque, adressée à tous, un pamphlet écrit pour quelques-uns, et qui dégraderait Dieu jusqu'à en faire un ignoble instrument de parti.

« C'est dans cette dernière classe qu'il faut ranger l'auteur de l'ouvrage qui vous est déféré. Ce n'est pas l'ironie qu'il emploie ; sa forme est sérieuse : mais c'est un motif de plus d'examiner avec la plus scrupuleuse attention si ce livre n'est pas l'œuvre de l'immoralité et d'un parti politique. Vous allez voir tout à l'heure si cet ouvrage, que l'auteur appelle *l'Évangile du Peuple*, ne devrait pas plutôt avoir pour titre *Évangile du sang et de la débauche*. Savez-vous pour qui il affecte une prédilection toute particulière ? C'est pour les êtres les plus corrompus dans la société, les grands pécheurs, les grandes pécheresses, les ivrognes, les prostituées, les hommes sanguinaires !... Ce qui aggrave encore la culpabilité de l'écrivain, ce sont ses antécédents : c'est un jeune homme dont la jeunesse s'est écoulée dans les études du séminaire, qui a presque touché à la prêtrise et qui semble n'avoir vécu pendant quelque temps dans l'intimité des choses saintes que pour les mieux profaner ensuite.

« Le titre seul de l'ouvrage, *l'Évangile du Peuple*, indique que les livres saints ont été détournés de leur but. C'est l'Évangile arrangé dans un but particulier, dans l'intérêt d'un parti et de doctrines immorales. Comme si le titre n'était pas assez clair, la préface démontre cette pensée jusqu'à l'évidence. Voici cette préface :

« Peuple, à toi ce livre !

« A toi qui as le front courbé sur ton travail, à toi qui souffres de la faim, du dé-
« nuement ou de l'oppression, l'Évangile de l'Homme-Dieu qui naquit dans une éta-
« ble et mourut sur une croix !

« Depuis longtemps des hommes accoutumés à te tenir sous le joug interprétaient à
« leur usage et selon leurs intérêts le livre du Libérateur.

« Nous t'en apportons aujourd'hui l'esprit et la lettre dans toute leur énergique sim-
« plicité.

« Prends et lis ! »

« Le ministère public, continue M. l'avocat-général, avait vu dans *l'Évangile du Peuple* d'autres délits que ceux dont vous devez connaître. La chambre du conseil et la chambre des mises en accusation ont réduit la prévention à un outrage à la morale publique et religieuse et aux bonnes mœurs. Les délits politiques ont été écartés. Nous ne nous plaindrons pas de la situation qui nous a été faite. On a souvent reproché aux délits politiques d'être variables, d'être des créations de la loi. Un semblable reproche ne saurait être adressé aux lois de la morale. Le procès qui vous est soumis n'est pas un procès politique ; il s'élève à la hauteur d'un procès de moralité. »

M. l'avocat-général donne lecture d'un certain nombre de passages. Nous remarquons ceux qui suivent :

« .... Sœurs de Madeleine la prostituée, pauvres filles à genoux, pécheresses en guerre avec le monde, au nom du Christ, relevez-vous et allez en paix :

« Vos péchés vous sont remis !

« Le grand sceau d'infamie imprimé à votre front par la main du vieux monde est brisé.

« Filles du peuple, vous êtes pardonnées ! Pauvres esclaves de l'homme, vous serez libres !

« Il vous sera beaucoup remis, mes sœurs, parce que vous avez beaucoup souffert et beaucoup aimé!

« Celui qui conserve l'amour dans son cœur conserve Dieu.

« Cette rémission des péchés était pour les juifs le grand sujet de scandale et la pierre d'achoppement.

« Ceux qui étaient à table avec lui commencèrent à dire en eux-mêmes : Qui est celui-ci qui remet même les péchés?

« Suivant les juifs, le péché, qui était le mal, laissait sur ses enfants un caractère ineffaçable.

« Nous ne devons pas nous en étonner, puisque, dix-huit siècles plus tard, nous retrouvons encore dans notre société cette même rigueur inflexible.

« Nous avons, comme les juifs, nos maudits et nos maudites, nous avons nos forçats et nos prostituées.

« Ces pécheurs et ces pécheresses *à perpétuité* se traînent avec des sanglots ou des menaces autour de la société impitoyable..............

« Brebis égarées,

« Pauvres enfants prodigues de la société, vous qui vivez en servitude dans les plaisirs de la débauche,

« Vous qui tombez ensuite, par suite de vos excès, dans une misère et une domesticité honteuses, vous qui manquez de pain et qui avez faim,

« Mes frères et mes sœurs, prenez courage!

« Brebis, revenez au bercail, car Christ, le pasteur, vous y a préparé de gras pâturages.

« Enfants prodigues, revenez à la maison, car Christ, le père de famille de la société, vous y prépare une robe neuve, un anneau d'or et une place au banquet.

« Gueux, chenapans, sans-culottes, bohémiens et prostituées, proscrits et proscrites de la société, ayez bon espoir!

« Le temps de votre rentrée dans l'État et de votre conversion approche.

« Vous avez péché, mais revenez et repentez-vous,

« Et l'État reconstitué vous dira : Mes fils et mes filles! et il sautera à votre cou, et il vous baisera du baiser de paix.................

« En ce temps-là, dit l'Évangile, Jésus-Christ commença à prêcher la pénitence et « le royaume de Dieu. »

« Qu'est-ce que cette pénitence, sinon la réforme de l'ancienne société et le commencement d'un royaume nouveau qui sera celui de Dieu, car Dieu est là où se trouvent la liberté et la justice?

« Or Jésus n'est point révolutionnaire à demi; il ne veut pas seulement introduire dans l'ancien monde des améliorations et des progrès; non, il veut le détruire de fond en comble; il veut déraciner toute l'ancienne végétation de la société pour faire une plantation entièrement nouvelle.

« Tout arbre, dit-il, qui n'a pas été planté par mon père céleste sera arraché.

« Il ne restera rien de la société telle qu'elle est constituée. Et, en effet, qu'en pourrait-il rester? car elle est en contradiction sur tous les points avec l'Évangile.

« Votre société dit au pécheur et à la pécheresse : Anathème !

« Jésus-Christ dit : Miséricorde.

« Votre société dit au peuple par la bouche des gouvernants : Soumission !

« Jésus-Christ dit : Soulevez-vous !

« Votre société dit aux petits : Honneur aux grands !

« Jésus-Christ dit : Les grands seront abaissés et les petits seront élevés.

« Votre société dit au coupable par la voix des tribunaux : Justice !

« Jésus-Christ, lui, dit : Vos péchés vous seront remis !

« Votre société dit : Heureux les riches !

« Jésus-Christ dit : Heureux les pauvres !

« Votre société dit aux révolutionnaires : Calmez-vous !

« Jésus-Christ leur dit : Je suis venu apporter le feu et je veux qu'il s'allume !

« Votre société dit à ses sergents : Désarmez le peuple !

« Jésus-Christ dit au peuple : Vendez votre blouse et achetez une épée !

« Vous voyez donc bien que votre société ne peut durer en présence de l'Évangile, et qu'elle sera arrachée comme un arbre mort et jetée au feu.......

« Il y a des gens qui se disent chrétiens parce qu'ils font de longues prières, comme les juifs, car « ils s'imaginent qu'à force de paroles ils seront exaucés. »

« Il y a des gens qui se disent chrétiens parce qu'ils observent toutes sortes de pratiques religieuses, comme faisaient les scribes et les princes des prêtres.

« Il y a des gens qui se disent chrétiens parce qu'ils passent leur temps dans le temple comme autrefois les pharisiens et les docteurs de la loi ;

« Mais, en vérité, je vous le dis, ces gens-là mentent par Satan,

« Car ils honorent les grands et méprisent les petits.

« Or Jésus, leur maître, est venu au contraire relever les petits et humilier les grands.

« Car ils font des distinctions entre les hommes.

« Or Jésus, leur maître, ne faisait point acception des personnes.

« Car ils se piquent de noblesse et ne marchent de pair qu'avec leurs semblables.

« Or Jésus, leur maître, attaquait sans cesse la noblesse dans la personne des pharisiens et hantait les hommes du peuple.

« Vous voyez donc bien qu'ils ne sont point chrétiens.

« Ces gens-là sont durs aux faiblesses de la classe pauvre ; ils condamnent chez elle avec amertume l'ivrognerie, la crapule ;

« Et Jésus, leur maître, a voulu, en fréquentant les hommes du peuple, passer pour ivrogne et pour crapuleux, *vorax et potator vini.*

« Ces gens-là sont durs aux malfaiteurs et aux prostituées ;

« Et Jésus, leur maître, aimait de prédilection les pécheurs et les pécheresses.

« Ces gens-là sont durs aux misères du peuple ;

« Et Jésus, voyant que les multitudes qui le suivaient n'avaient point de pain, fit un miracle pour leur en donner...............

Après avoir cité l'histoire de la femme adultère, l'auteur continue :

« Jésus ici met tout à coup en doute la compétence des tribunaux de la terre.

« De quel droit des hommes pécheurs et souvent criminels comme l'accusé prétendent-ils envoyer un homme à la mort ?

« Accusateurs publics, échafauds blanchis,

« Êtes-vous chrétiens, vous qui, voyant la pierre hésiter dans la main des autres hommes, leur criez de toutes vos forces : Jette et tue !

« Non, vous ne l'êtes pas ; vous êtes les antéchrists du vieux monde, les pharisiens et les scribes de l'ancienne loi qui va finir.

« Magistrats tachés de robes noires,

« Vous êtes pleins de péchés, de rapines et d'adultères, et vous osez, hommes de chair et de boue, appliquer un droit terrible dont le juste même devrait s'interdire l'exercice !

« Prenez garde et tremblez, car l'épée de la justice toute sanglante entre vos mains va être brisée !

« Vous allez avoir à rendre compte du sang versé sur la terre depuis Abel !......

« Il est parlé plusieurs fois dans l'Évangile de ce dernier jugement de la société où il sera rendu à chacun selon ses œuvres.

« Il y aura une division et un partage.

« Le royaume de Dieu, sur la terre, est semblable à un filet qui a été jeté dans la mer et qui a enveloppé toutes sortes de poissons.

« Lorsque le filet est plein, les pêcheurs le tirent sur le bord, où s'étant assis ils mettent les bons ensemble dans un vaisseau et jettent les mauvais dehors.

« Ce filet est celui des révolutions, qui surprendra les hommes pêle-mêle sous ses mailles de plomb ;

« Mais ensuite viendront les anges, c'est-à-dire les ministres des volontés divines, qui sépareront du milieu des justes les méchants,

« Et qui les jetteront dans la fournaise de feu ; là où il y a des pleurs et des grincements de dents.

« Le royaume de Dieu, sur la terre, est encore semblable à un champ où le maître a d'abord semé du bon grain ; mais, pendant qu'il dormait, son ennemi est venu, a semé de l'ivraie au milieu du froment et s'en est allé.

Ce champ est la société où Dieu avait semé primitivement du bon grain, c'est-à-dire des germes de liberté, de fraternité et d'amour ; mais l'esprit de domination est venu qui a jeté l'ivraie, c'est-à-dire la servitude, la propriété, l'égoïsme, la division.

« Cet ennemi-là est venu pendant le sommeil des peuples, *cum autem dormirent.*

« L'herbe ayant donc poussé et étant montée en épi, l'ivraie commença à paraître, c'est-à-dire toutes les têtes privilégiées qui ont commencé à dépasser le niveau des autres fronts.

« Alors les serviteurs du peuple dirent à Dieu : « Seigneur, n'avez-vous pas semé « du bon grain dans votre champ ? D'où vient donc qu'il y a de l'ivraie ? Voulez-vous « que nous allions sur l'heure l'arracher ? »

« Mais Dieu leur répondit *non*, de crainte qu'en arrachant les hommes pervers et usurpateurs, qui sont l'ivraie de la société, vous ne déraciniez en même temps des hommes justes, qui sont le bon grain.

« Laissez-les croître les uns et les autres jusqu'à la grande moisson des peuples, et au temps de la moisson je dirai aux moissonneurs : « Arrachez premièrement ces grands, ces riches, ces privilégiés, ces puissants, ces accapareurs, qui sont vraiment l'ivraie de la société puisqu'ils étouffent leurs frères et les empêchent de se développer ;

« Arrachez-les, liez-les tous en botte et les jetez au feu !

« Mais amassez le blé pour le porter dans le grénier de la société future, où régneront la joie et l'abondance. »

« Ces moissonneurs du père de famille sont les révolutionnaires de l'humanité ;.

« Ce sont Robespierre, Saint-Just, Collot-d'Herbois, tous les anges de la justice, armés du glaive ou de la faux, qui coupent la moisson humaine pour la diviser en deux parts.

« Cette séparation des bons et des méchants, des grands et du peuple a déjà été commencée dans notre première révolution sous les coups des faucheurs ;

« Mais la moisson n'est pas finie, mais le dernier jugement n'est pas jugé.......

M. l'avocat-général termine ainsi :

« Nous vous rappellerons ce que nous vous avons dit en commençant : le prévenu n'est pas un homme qui puisse se méprendre sur le sens de ce qu'il écrit, qui vient parler de ce qu'il ne sait pas ; il ne peut donc invoquer sa bonne foi. Il a étudié en théologie ; il a vécu de la vie du séminaire, il y a puisé les premiers enseignements ; il aurait dû aussi y prendre des habitudes d'austérité qui eussent éloigné de lui de pareilles pensées.

« Il en est tout autrement pour l'éditeur Le Gallois ; il a agi sous la responsabilité de l'auteur ; il le connaissait, il savait sans doute quelles avaient été ses études, et il ne devait pas craindre de trouver dans l'ouvrage de Esquiros des doctrines anti-religieuses. Cependant vous n'oublierez pas que c'est par son fait que la publication a eu lieu, et que tout homme qui accepte la qualité d'éditeur doit en accepter la responsabilité.

« En finissant, nous vous dirons : Prenez aussi en considération la qualité des personnes auxquelles l'auteur s'adresse. C'est au peuple qu'il parle. Un écrit qui parle à des esprits ignorants peut produire les effets les plus désastreux. Il ne faut pas croire, comme quelques personnes affectent de le dire, que le fanatisme soit à jamais éteint. Il fut un temps dans notre histoire où, par l'abus, par la fausse interprétation d'un texte, on poussait des hommes aux crimes les plus odieux, quelquefois au régicide. Ne serait-il pas possible aujourd'hui qu'en disant aux classes inférieures qu'elles sont opprimées on les portât à bouleverser la société, et à se montrer d'autant plus avides de sang qu'elles croiraient (suivant l'expression du poëte) frapper avec un *fer sacré?* L'homme dont la main est armée par le fanatisme se croit *l'ange de la justice* alors qu'il n'est que le *démon de la cruauté*. Voilà les dangers qu'il faut conjurer, vous comprenez, et vous condamnerez *l'Évangile du Peuple*.

Me Ferdinand Barrot présente la défense de M. Esquiros.

« Messieurs les jurés, dit le défenseur, lorsque M. l'avocat-général, au commencement de son réquisitoire, se réjouissait d'avoir vu écarter du procès les délits politiques et qu'il vous disait que le procès y gagnerait en dignité et en moralité, j'applaudissais à ces paroles et je ne m'attendais pas à le voir rouvrir dans sa discussion une arène aux passions politiques. Après son réquisitoire, je pense encore que la lutte peut être soutenue sans colère, sans passion, sans aucune de ces ardeurs qui portent le trouble dans l'esprit du juge et qui ne lui permettent pas de prononcer sans haine et sans crainte. On vous a dit qu'Alphonse Esquiros était un homme politique, presque un transfuge de la religion, qui avait puisé dans l'Ecriture-Sainte des armes ignobles pour les mettre au service d'un parti politique. Vous vous trompez, M. l'avocat-général, Alphonse Esquiros n'est pas un homme politique, un homme de parti, un de ces éclaireurs aventureux et même généreux de notre civilisation. Non, c'est un homme qui, dans la vie la plus calme et la plus pacifique, s'adonne à l'étude ; que si, dans ses spéculations religieuses, il s'était rencontré une de ces erreurs monstrueuses qui lui auraient mérité de comparaître devant vous, tous ceux qui le connaissent comme écrivain, comme homme seront les premiers à reconnaître qu'il a été de bonne foi, et c'est avec confiance que me je lève pour vous donner la raison de pensées que M. l'avocat-général a flétries sans les comprendre.

« M. l'avocat-général a insisté sur les antécédents de mon client. Permettez-moi de vous le faire connaître ; soyez sans crainte, je ne vous tracerai point une longue biographie : la vie d'Alphonse Esquiros doit vous rassurer. Et d'abord, permettez-moi de rectifier une erreur commise par M. l'avocat-général : il a insisté, dans le but sans doute de mettre l'auteur en contradiction avec lui-même, sur ce fait qu'il avait fait ses études dans un séminaire ; il en a fait un quasi prêtre. C'est là une erreur. Il a fait ses études dans une institution dirigée, il est vrai, par un prêtre, mais il n'a jamais étudié dans un séminaire. Il s'est livré avec une affection toute particulière à la poésie. La critique a prétendu qu'il y avait dans ses vers de la grâce et de la naïveté. Et si je vous parle de ses *Hirondelles* (c'est le nom du livre), ce n'est pas de ma part une banalité biographique, mais c'est pour vous dire qu'à propos de cet ouvrage M. Alphonse Esquiros a reçu la lettre suivante :

« Monsieur,

« Je viens de prendre quelques heures sur la nuit pour lire vos vers. Cette lecture m'a rappelé délicieusement à mes jeunes inspirations retrouvées toutes dans les vôtres. Vos hirondelles aussi refont un printemps de mon triste et nébuleux été. Je regrette de ne les avoir pas entendues plus tôt ; mais nul ne lira maintenant avec plus de charme ce que vous écrirez. J'envie à notre ami commun, Victor Hugo, le plaisir de vous connaître et serais jaloux de le partager.

« Agréez mes remercîments comme poëte ; on doit de la reconnaissance aux beaux vers.   « LAMARTINE.

« Paris, 29 juin 1835. »

L'orateur continue :

« Vous n'attendez pas de moi, messieurs, que je vous trace un tableau bien étendu de cette vie obscure et simple, quoique honorablement connue dans les lettres ; vous voyez mon client, il est jeune ; on vous l'a représenté comme un homme immoral qui voulait briser tous les liens de la société, et il n'a jamais quitté sa famille ; sa conduite est irréprochable et ne déroge en rien à ces habitudes d'austérité que M. l'avocat-général demandait tout à l'heure de l'auteur de *l'Évangile du Peuple*.

« Quant au sentiment qui domine toute sa vie, je le retrouve exprimé dans un de ses livres, dans *Charlotte Corday* :

« Adam Lux avait reçu de sa mère, sous le ciel gris de l'Allemagne, une âme belle et rêveuse qui se trouvait étrangère et comme dépareillée sur la terre. Il n'avait pas encore vingt ans.

« Docteur en philosophie à Mayence, il avait étudié, comme

Mlle de Corday, à l'école de Jean-Jacques Rousseau ; il était plein d'espoirs et d'illusions ; il avait dans le cœur cette poésie vague et flottante qui tourne dans les temps modernes à l'amour du genre humain ; il attendait la venue d'une nouvelle ère pour tous les peuples du monde. »

« Ce jeune docteur, messieurs, ce savant dont l'âme poétique est pleine d'illusions, c'est Alphonse Esquiros ; son caractère est contenu dans ces quelques lignes ; lui aussi aime passionnément l'humanité, lui aussi entretient au fond de son cœur ce sentiment vague et flottant qui, après tout, est le sentiment religieux.

« J'ai interrogé la pensée de l'auteur dans *l'Évangile du Peuple,* et je la crois bonne.

« Est-ce qu'il n'y a pas, messieurs, dans notre société des misères et des souffrances qui agitent et effraient à cette heure tous les hommes graves ? Est-ce que ce n'est pas là la pensée fixe, éternelle, incessante qui travaille beaucoup de bons esprits ? Il existe une société dont M. l'avocat-général lui-même fait partie et dont j'ai l'honneur d'être membre, qui a pour but le soulagement des orphelins ; chacun des membres de cette société prend par la main un de ces enfants et lui sert de père ; mais au-dessous de cette infortune il en est d'autres plus grandes encore, parce qu'elles joignent la dégradation à la misère, les prisons par exemple, et vous savez que de nos jours des hommes recommandables s'occupent de les visiter ; plus bas, plus bas encore, il y a une plaie saignante que personne ne veut panser et devant laquelle on passe avec dégoût, c'est celle de la prostitution.

« Alphonse Esquiros a approché ses mains jeunes et pures de cette plaie hideuse pour la soulager et pour y apporter un remède. La prostitution rentre dans l'ordre de ses études vouées au soulagement de toutes les souffrances humaines. Au lieu de planter dans les voies de l'Évangile le drapeau d'un parti politique, Alphonse Esquiros s'est frayé une route à part où il marche seul. Mon client a un caractère et une mission à lui ; il se croit appelé à attirer l'intérêt et la pitié publics sur les membres misérables de la société. C'est dans ce sentiment qu'il écrivit un petit livre intitulé *les Vierges Folles,* à propos duquel M. Roger de Beauvoir, qui n'est point précisément un écrivain appartenant à l'opinion démocratique, lui adressait les vers suivants :

> Dieu vous tendra la main, lui qui créa la femme,

> Qui ceignit son front pur de pudiques couleurs,
> Et toujours à regret l'entend nommer infame,
> Elle sa bien-aimée entre toutes les fleurs !

« A ce témoignage déjà si honorable s'en joignait un autre peut-être plus précieux encore :

« Ma mère, qui est une sainte, a lu votre petit livre sous nos om-« brages et vous en fait compliment. »

« Dans le même temps, à propos du même livre, le journal *la Presse*, qui a la prétention de se faire l'organe de toutes les moralités, déclarait *les Vierges Folles* d'Alphonse Esquiros une *homélie touchante digne des plus beaux temps du christianisme,* et s'indignait de la fausse pruderie de ceux qui craignent de traiter de telles questions. »

Ici l'avocat s'attache à prouver que, dans tous ses ouvrages et notamment dans *l'Évangile du Peuple,* Alphonse Esquiros a toujours parlé de l'amour comme d'un sentiment pur et chaste, comme d'une communion des âmes, qu'il s'est élevé avec force contre la débauche brutale, contre les convoitises des sens, qui soumettent la femme à un esclavage dégradant. L'accusation d'immoralité ne peut donc, sous aucun prétexte, lui être appliquée.

Après avoir terminé la partie en quelque sorte biographique de sa défense, l'orateur s'engage dans une chaude et brillante improvisation pour repousser les commentaires que M. l'avocat-général a attachés aux paroles de l'auteur.

Il démontre que Jésus-Christ étant venu pour relever la portion coupable et abaissée de l'humanité, sa place était précisément parmi les grands pécheurs, les femmes débauchées, que M. l'avocat-général reproche si amèrement à Alphonse Esquiros d'avoir donné pour cortége au Dieu fait homme ou à l'homme fait Dieu.

Le Christ était si fort de son innocence et de sa pureté qu'il ne craignit point de toucher à la fange; il n'est pas étonnant non plus qu'un peu de cette fange soit resté, dans la pensée des Juifs, aux mains du Sauveur, puisque une idée de réprobation s'attache encore de nos jours à ceux qui fréquentent les misères du peuple et qu'on les assimile aux êtres dégradés qu'ils veulent convertir.

Abordant l'objection que l'Évangile est un livre saint placé au-dessus des interprétations humaines, M⁰ Ferdinand Barrot s'écrie :

« L'Évangile a-t-il donc tout dit? ne peut-on lui demander une solution aux problêmes que la société actuelle remet sans cesse en question? ne peut-on le faire descendre sur le terrain de la civilisation moderne pour en extraire une charte applicable aux besoins incessants du peuple ? »

L'orateur entre ensuite sur le terrain de la discussion des articles incriminés ; sa vive et profonde logique démolit pièce à pièce l'échafaudage d'immoralité que M. l'avocat-général avait construit avec tant d'effort. M⁰ Ferdinand Barrot accepte l'idée de son client que « le mal est l'initiation au bien ; » il défend cette idée, il l'explique, il la développe. Passant ensuite à la question du mariage, de la peine de mort, de la famille, il soutient que la discussion est permise sur tous ces points et qu'elle a été entamée plusieurs fois par tous les esprits distingués de notre temps.

Quand il arrive au passage de Robespierre, de Saint-Just et de Collot-d'Herbois, l'orateur avoue n'être point du même sentiment que son client et le lui avoir déclaré à lui même, mais il n'en soutient pas moins avec énergie que c'est un droit acquis à l'histoire de juger librement les hommes de la révolution.

Avec le bon sens d'un homme supérieur il ramène à la taille d'une simple proposition philosophique le fantôme que M. l'avocat-général a voulu évoquer par ses clameurs. L'auteur, dit-il, a cru voir marqués du doigt de la Providence des événements où, pour moi, je ne saurais reconnaître l'empreinte de Dieu, mais où je ne défends à personne de le chercher.

Rapprochant ce mot : « Anges de la justice, » de cette autre parole célèbre : « Marche, fléau de Dieu ! » adressée par le pape Théodose à Attila, il montre que ce n'est point d'ailleurs une doctrine nouvelle d'attribuer à la divinité les grandes œuvres de dévastation qui changent et renouvellent la face du monde.

L'orateur termine en disant : Ne découragez pas ce jeune homme par une condamnation, ne le découragez pas, je vous le demande au nom des lettres, au nom de l'humanité ; il est dans une bonne voie ; son cœur se porte au devant de toutes les souffrances sociales avec ce sentiment vague et flottant dont je vous ai parlé au commencement de mon discours ; il poursuit un rêve d'amour et de réhabilitation, comme Adam Lux, au pied de l'échafaud, accompagnait pour la première et la dernière fois l'image idéale de Charlotte Corday. »

Dans une réplique où il dissimule mal son embarras, M. l'avocat-général cherche à justifier le ton irritant et passionné qui présidait à son réquisitoire. Revenant ensuite sur un seul point de l'accusation, il essaie de nouveau d'intimider le jury par les ombres sanglantes des trois grands révolutionnaires dont les noms figurent sur les pages de *l'Évangile du Peuple*. Suivant lui, l'avocat aurait lui-même condamné l'auteur.

Me Ferdinand Barrot se lève :

« Je vois avec plaisir que l'accusation a déjà beaucoup perdu de son terrain; elle s'est retranchée sur un seul point, sans doute parce qu'elle se sent désarmée et vaincue sur tous les autres. M. l'avocat-général, vous avez voulu profiter de mon opinion et de ma franchise pour vous en faire un argument contre mon client : oh! je vous défends de vous en servir! Tout en déclinant ici l'opinion de M. Esquiros, je ne la regarde nullement comme condamnable. *Ange* veut dire *envoyé*. En faisant de ces trois hommes nommés ailleurs les ministres des volontés divines, les messagers de la Providence, l'auteur du livre incriminé n'a guère été plus loin qu'un homme élevé depuis à une position si éclatante en représentant Robespierre et Saint-Just comme les exécuteurs des hautes œuvres de la nécessité sociale.

« L'avocat dans le reste de sa réplique achève de détruire les arguments de l'accusation avec une supériorité de talent et de raison incontestable. Il termine, au milieu des émotions bienveillantes de l'auditoire.

Après les répliques de M. l'avocat-général et de Me Ferdinand Barrot, M. Alphonse Esquiros se lève et dit :

« Permettez-moi d'ajouter quelques mots au discours éloquent de mon défenseur. Il faut que je vous dise comment et pourquoi je suis ici.

« Il ne tenait en effet qu'à moi, messieurs, de décliner votre jugement. Le livre qu'on incrimine n'était point signé : le masque de l'anonyme qui protégeait ma personne contre les poursuites de la justice je l'ai arraché; dès qu'il y a eu péril je me suis nommé.

« Si j'ai agi ainsi, messieurs, c'est que j'ai eu foi dans vos lumières et dans la bonté de ma cause.

« Si je prends moi-même la parole c'est que j'ai à cœur de porter bien avant dans vos consciences le sentiment pénible que me cause une pareille accusation.

« Je ne suis ni immoral ni irréligieux; mais, trouvant devant moi un livre vénérable consacré par la foi de dix-huit siècles, j'ai demandé à ce livre ce qu'il était raisonnable de lui demander, une révélation sociale et philosophique.

« J'ai nommé mon travail, pour cette raison, *l'Évangile du Peuple*.

M. l'avocat-général a voulu voir dans ce simple titre une intention coupable; il s'est trompé : le peuple, messieurs, c'est vous, c'est moi, c'est tout le monde !

« Il est vrai que la société contenue dans l'Évangile et que j'ai cherché à en dégager se rapproche sous certains rapports de la démocratie; mais la démocratie n'est pour moi ni une opinion ni un parti, c'est la nation elle-même avec les libertés qu'elle a deux fois conquises, et surtout avec son avenir.

«Rien de plus incroyable, en vérité, que l'accusation qui m'amène devant vous sous le coup d'outrage à la religion. Je suis au contraire un de ces croyants en petit nombre, surtout de nos jours, qui s'obstinent à chercher dans la nuit du passé les étincelles du flambeau de l'avenir. Il est vrai que je ne puis accorder une foi aveugle à certains dogmes mystérieux; mais l'ardeur seule que je mets à les pénétrer prouve que je ne suis ni un impie ni même un indifférent : je serais tout au plus un sectaire. Or, messieurs, la société serait trop heureuse de compter de nos jours beaucoup de dissidents de cette sorte : cela prouverait qu'il y a encore de la religion.

« Si l'on ne met plus en discussion les idées chrétiennes, c'est qu'on n'y croit plus; c'est que le siècle, pris du sommeil de l'indifférence, a lourdement posé sa tête sur la pierre froide de l'autel comme sur l'oreiller de la mort.

«M. l'avocat-général m'a reproché d'avoir falsifié certains versets des Écritures; il a avancé, par exemple, que ce mot : «Celui qui n'est « pas avec moi est contre moi, » n'existe pas dans l'Évangile : eh bien, messieurs, cette assertion est fausse, profondément fausse! je n'ai rien inventé : « *Qui non est meum contrat me est,* » disait Jésus-Christ.

« Mais, comme je vous l'ai dit, je ne m'engagerai pas dans cette voie si large et si avantageuse pour moi de réfutation; j'aime mieux montrer envers les nombreuses erreurs d'un magistrat qui devrait être grave une indulgence dont il n'a pas fait usage envers les miennes.

«Je ne reviendrai pas non plus sur les ruines de l'accusation, que mon défenseur a si puissamment et si radicalement détruite; j'ajouterai seulement à ses éloquentes paroles le témoignage de ma conscience.

« Mes intentions ont été celles d'un honnête homme et d'un bon citoyen.

« Je n'ai pas voulu remettre en honneur la fille de mauvaise vie, mais la supprimer autant que possible, et la relever. Au reste, ma pensée sur cette question est contenue dans des vers que je demande la permission de lire. Si j'ai failli, j'aurai du moins l'honneur d'avoir failli avec un grand poëte :

> Oh ! n'insultez jamais une femme qui tombe !
> Qui sait sous quel fardeau la pauvre âme succombe ?
> Qui sait combien de fois sa faim a combattu ?
> Quand le vent du malheur ébranlait leur vertu,
> Qui de nous n'a pas vu de ces femmes brisées
> S'y cramponner longtemps de leurs mains épuisées,
> Comme au bout d'une branche on voit étinceler
> Une goutte de pluie où le ciel vient briller,
> Qu'on secoue avec l'arbre et qui tremble et qui lutte,
> Perle avant de tomber et fange après la chute ?
> La faute en est à nous ; à toi, riche ! à ton or !
> Cette fange d'ailleurs contient l'eau pure encor.
> Pour que la goutte d'eau sorte de la poussière
> Et redevienne perle en sa splendeur première,
> Il suffit, c'est ainsi que tout remonte au jour,
> D'un rayon du soleil ou d'un rayon d'amour !

« Je me hâte d'arriver tout de suite au chef d'accusation qui me semble soulever sur ma tête, de la part du ministère public, une réprobation plus grande.

« On s'est servi de trois noms historiques remémorés dans mon livre pour me représenter à vous comme un homme de sang : c'est indigne !

« Confiant dans un pouvoir invisible qui gouverne le monde et le conduit à un but constamment bon, je ne suis pas de ceux qui réprouvent les événements accomplis : je ne souffletterai jamais la Providence ; je ne dirai jamais à Dieu : Tu t'es trompé !

« Tout en déplorant les malheurs et les ruines dont l'œuvre révolutionnaire a semé son passage, je ne puis me résoudre à n'y voir qu'une calamité aveugle ; sans justifier absolument les auteurs de cette révolution (chose qui a été faite ailleurs, en dépit des assertions de M. l'avocat-général), j'ai cherché à en donner seulement une grande idée ; je les ai représentés comme les anges de la terreur, comme les ministres des justices divines, comme des moissonneurs envoyés d'en haut pour faucher la société, ce qui leur prêtait, il me semble, un caractère à la fois formidable et providentielle.

« Il est vrai que j'ai ajouté que leur œuvre n'était point finie. Qui en doute, messieurs? La révolution de 1830 n'est-elle pas elle-même un des développements du principe de 93? Est-ce à dire pour cela que les résultats de ce grand événement seront toujours violents et armés? Non, messieurs : les révolutions les plus terribles et les plus foudroyantes ont souvent dans l'avenir des développements pacifiques : nos pères ont réformé le monde avec le glaive, nous le réformerons avec la parole.

« Voici ce que j'écrivais moi-même il y a à peine un an; ce sont les dernières paroles que je déposerai dans vos consciences :

« Nous ne sommes pas de ceux qui, assis sur les ruines d'un événement, songent encore à le reconstruire. Nous admettons 93 dans le passé; mais ce n'est plus sous cette forme meurtrière que se produiront désormais les projets de l'humanité. Les rigueurs de ces derniers temps nous invitent, bien au contraire, à la tolérance, à la douceur, à la modération. La peine de mort a fait tout récemment une si rude besogne qu'elle doit être lasse et essoufflée : laissons-la se reposer pour toujours. »   (*Charlotte Corday.*)

M. le président résume les débats.

A six heures le jury entre dans la chambre des délibérations; il en sort à six heures et demie. Sa réponse est affirmative sur quelques questions, mais avec des *circonstances atténuantes*.

La Cour, nonobstant le vœu du jury, applique à **M.** Alphonse Esquiros le maximum de l'amende (500 francs) et huit mois de prison.

Imprimerie Pommeret et Guénot, rue Mignon, 2.

www.ingramcontent.com/pod-product-compliance
Lightning Source LLC
Chambersburg PA
CBHW061204050726
47594CB00008B/3562